你从梁家河走来

程冠军 著

时代出版传媒股份有限公司
安徽教育出版社

图书在版编目（CIP）数据

你从梁家河走来 / 程冠军著. —合肥:安徽教育出版社,2018.7
ISBN 978 - 7 - 5336 - 8722 - 9

Ⅰ.①你…　Ⅱ.①程…　Ⅲ.①诗集—中国—当代
Ⅳ.①I227

中国版本图书馆 CIP 数据核字（2018）第 147126 号

你从梁家河走来
NI CONG LIANGJIAHE ZOULAI

出 版 人:郑　可
质量总监:姚　莉
策划编辑:王宗琦
责任编辑:王宗琦　魏飞建
装帧设计:吴亢宗
技术编辑:陈善军

出版发行:时代出版传媒股份有限公司　安徽教育出版社
地　　址:合肥市经开区繁华大道西路 398 号　邮编:230601
网　　址:http://www.ahep.com.cn
营销电话:(0551)63683012,63683013
排　　版:安徽时代华印出版服务有限责任公司
印　　刷:安徽联众印刷有限公司

开　　本:880×1230　1/32
印　　张:3.75
字　　数:100 千字
版　　次:2018 年 7 月第 1 版　2018 年 7 月第 1 次印刷
定　　价:19.00 元

目录

扫码学习
朗诵技巧

下篇 初心

目录

上篇　你从梁家河走来

上篇 你从梁家河走来

你从梁家河走来[1]

你从梁家河走来，

你肩扛父亲的嘱托[2]，

你牢记“娘的心”[3]。

你是黄土地的儿子，

你是梁家河的农民。

---

① 本诗系作者读《习近平的七年知青岁月》后有感而发创作而成，首发于中国青年网。

② 父亲习仲勋曾多次对习近平说：“不管你当多大的官，不要忘记勤勤恳恳为人民服务，真真切切为百姓着想，要联系群众，要平易近人。”

③ “娘的心”：习近平插队时，母亲齐心为他缝制的针线包上绣着“娘的心”三字。

来时，你还是个少年，

走时，已是青春做伴。

七年知青岁月，你把心留在了这里

——“根在陕西，魂在延安”。

别人从零开始，

你从负数开始，

无论从哪里开始，

你都坚持扣好人生的第一粒扣子。

你说——

自己的路要自己走，

自己的事情要自己干！

十五岁青葱岁月，
风华正茂，同学少年，
时代的洪流却把你抛到风口浪尖。
到延安去，到最艰苦的地方去！
你坚信：刀在石上磨，人在难中炼！
在西去列车的窗口，
你从容地笑对磨难，
任梦想穿越八百里秦川……

一孔窑洞成了你的栖身之所，
两个书箱是你最好的伙伴。
煤油灯点亮你的青春，
沉重的扁担压在你稚嫩的双肩。

在这里，

你要过“四关”——

跳蚤关、饮食关、劳动关、思想关。

在这里，

你每天吃的是“三团”——

玉米团、高粱团、糠窝窝团。

再累的活你也干得了，

再穷的人你也看得起，

再糙的饭你也吃得惯。

你下决心做一个农民。

你躺在黄土地上仰望蓝天，

你决定要像父兄一样好好干一场，

做一个地地道道的“老陕”[1]。

渴了，

就掬一口梁家河的水，

让延河的基因永驻心田；

累了，

就在土坎上卷一支“大炮”[2]，

豪迈地对着太阳抽一口旱烟。

白天你辛勤劳作，

夜晚你与书为伴。

---

① “老陕”：三秦父老喜欢用的第一人称代词。

② “大炮”：手卷的土烟卷。

土炕上，你与大家“拉话”[1] ——

从《资本论》到《国家与革命》，

从黑格尔到《共产党宣言》。

你爱背《观沧海》《将进酒》，

你喜欢“先天下之忧而忧”的范仲淹，

更有那辛弃疾——“醉里挑灯看剑”！

你敢说，敢做，敢担当！

你一心为百姓办实事，办好事——

打井、开磨坊、办沼气，

修路、打坝、育良田，

开办铁业社、缝纫社、代销店……

---

① “拉话”：陕北方言，意即交谈、谈心。

窑洞里，你学会了辩证法，

“整队”[①]中，你从政的才华初展。

“近平是个好后生！”

梁家河旧貌变新颜！

你的名字——

传遍了梁家河，赵家河；

传遍了延川，延安，秦川……

你说“打铁还需自身硬”！

吃完热汤面，

① “整队”：对农村大队进行社会主义路线教育活动蹲点整顿。

你把粮票和钱压在乡亲的碗底下，

不拿群众的一针一线。

你把大衣脱给了铁锁，

棉被、针线包送给卫庞，

《毛主席诗词》赠给了黑子。

临行，你还是放不下乡亲们，

叮嘱随娃挑起村支书的重担！

你说，人生处处皆学问，

梁家河是个有大学问的地方。

在这里，你懂得了——

什么叫群众，

什么叫人民，

什么叫实际，

什么叫实事求是，

什么叫民以食为天！

你说，你永远记着梁家河人对你的好——

饿了，乡亲们给你做饭吃；

衣服脏了，乡亲们给你洗；

裤子破了，乡亲们给你补；

至今你还念念不忘印堂家给你的

——那碗香喷喷的白米饭！

南瓜子、大红枣、绣花鞋垫，
红条肉、羊肉汤、大海碗……
每一次来看乡亲们，
梁家河都以“老陕”的淳朴欢迎你！
乡亲们说，喜欢看你“吃香了”①的笑容，
大家天天都盼着你回家过年！

宝塔山自有其根基，
延河水自有其源泉，
所有的长征路都有它的起点。
延川，延安，延河水，血脉相连；

---

① “吃香了”：延川方言，意即我吃得真香啊。

梁家河，赵家河，文安驿，梦绕魂牵；

从村支书到总书记，你的长征路任重道远……

为什么要有中国梦？

为什么要有中国方案？

为什么要“不忘初心，继续前进”？

为什么要打赢“精准脱贫”攻坚战？

为什么“绿水青山就是金山银山”？

因为，你是黄土地的儿子！

因为，你从梁家河走来！

因为，你心中始终装着人民群众！

因为，“以人民为中心”，“要为人民做实事”

——是你不变的信念！

一艘船，

一盏灯，

一条路，

一面旗。

一个政党，

一个主义。

漫漫长夜，

星星之火，

划破三千年未有之变局！

大道之行，

天下为公。

大同小康，

自强不息。

泱泱华夏，

文明肇基。

我有龙凤图腾，

我有炎黄伏羲；

我有嫦娥奔月，

我有射日后羿；

我有精卫填海，

我有盘古开天地;

我有女娲造人补天,

我有尧、舜、禹、汤,周公礼仪。

看我老子、孔子、孟子,

看我庄子、管子、墨翟;

看我荀子、孙武、鲁班,

看我李白、苏轼、辛弃疾;

看我屈原、岳飞、文天祥,

看我“小范老子”、林则徐……

春秋战国,

思想灿烂。

诗词唐宋，
铸剑为犁。

四大发明，
横被全球。
丝绸之路，
光彩熠熠。

工业革命，
历史交替。
天朝帝国，
长夜无期。

闭关锁国，

终被遗弃。

瓜分豆剖，

亡在奢靡。

生灵涂炭，

黎民何以？

炎黄血脉，

精神延续。

苟利国家，

头颅可取！

振兴中华，

前赴后继！

十月革命，

一声炮响，

给黑暗中国

送来——马克思主义。

“五四”运动，

思想启迪。

“一大”红船，

开天辟地！

一目了然，

不言而喻！

百年魔怪，

统统滚去！

二十八年，

艰苦斗争，

“东亚病夫”，

从此站起！

十年教训，

拨乱反正，

实践——
才能检验真理。

四十年激荡，
改革开放，
中华民族，
从此富起。

落后就要挨打，
贫穷就要挨饿；
挨骂因为失语，
自信才能强起。

夙夜在公，

砥砺奋进。

办成大事，

解决难题。

精准脱贫，

全面小康。

绘就现代化强国蓝图

——富强民主文明和谐美丽。

中国道路，

中国方案，

中国智慧。

中国担当——

共建人类命运共同体！

孔子说：

四海之内皆兄弟。

孟子说：

富贵不能淫，

贫贱不能移，

威武不能屈。

马克思恩格斯预言：

整个亚洲新纪元的曙光，

将是“中国社会主义”。

孙中山说，

民生主义就是社会主义，

又名共产主义，即是大同主义。

毛泽东说，

感谢马克思、恩格斯，

是他们给我们送来了“武器”！

邓小平说，

贫穷不是社会主义，

社会主义的本质是共同富裕。

习近平说，

我们——

具有无比广阔的时代舞台，

具有无比深厚的历史底蕴，

具有无比强大的前进定力！

一种社会制度，

一种先进文化，

一条康庄大道，

一个理论体系。

这就是——

新时代中国特色社会主义。

中华文化，

生生不息。

中国道路，

大道通衢。

道法自然，

天人合一。

协和万邦，

和衷共济。

雄关漫道真如铁，

人间正道是沧桑，

长风破浪会有时，

乘长风，破万里浪

——一往无前，所向披靡！

不忘初心，

方得始终。

不忘初心，

继续前进。

不忘初心，

牢记使命。

实现中华民族伟大复兴的中国梦

——看我炎黄子孙，中华儿女！

（一）

中华一个梦，

我心永飞翔。

文明之光五千年，

珠穆朗玛耀东方。

给生活以美丽，

给理想以翅膀；

给时光以速度，

给人生以方向。

你的梦，要起航，要起航……

(二)

梦里有大同,

梦里有小康。

文明之光五千年,

珠穆朗玛耀东方。

给蓝天以白云,

给大地以芬芳;

给道路以自信,

给事业以辉煌。

我的梦,在路上,在路上……

(三)

百年复兴梦,

中国当自强。

文明之光五千年,

珠穆朗玛耀东方。

给江河以源泉,

给长城以脊梁;

给民族以魂魄,

给醒狮以力量。

中国梦,在飞翔,在飞翔……

（四）

中华一个梦，

我心永飞翔。

梦里有大同，

梦里有小康。

百年复兴梦，

中国当自强。

文明之光五千年，

珠穆朗玛耀东方。

中国梦，在飞翔，在飞翔……

青年时代，

你就打定主意，

把身子交给我们的党，

交给本阶级。

你坚信：

对马克思主义的信仰，

是中国革命胜利的一种精神动力。

你浴血奋战，

视死如归，

不畏枪林弹雨。

你励精图治，

百折不挠，

撑起艰难危局。

你信念执着，

意志坚定，

十年风雨何惧！

别人搞“一小撮”，

你开“钢铁公司”。

别人做“小脚女人”，

你“从来不走回头路”。

风雨中，

你走出“小平小道”。

黑暗中，

你相信光明，坚持真理！

拨乱反正，

检验真理。

坚决反对本本主义。

贫穷不是社会主义。

发展太慢也不是社会主义。

市场经济也不是资本主义的专利。

低潮中，

你冷静观察，

从容应对，

掷地有声对彷徨者说：

世界上赞成马克思主义的人

会多起来的，

因为马克思主义是科学，

它揭示了人类社会发展的规律。

迷茫中，

你力挽狂澜，

为国际共产主义运动

加油打气：

不要惊慌失措，

不要认为马克思主义就

消失了，没用了，失败了，

哪有这回事！

什么是社会主义，

怎样建设社会主义，

我们要走自己的道路，

建设有中国特色的社会主义。

抉择中，

你毅然踏上南去的列车，

让改革的春雷再度响起：

走不出一条新路，

就干不出新的事业。

不发展就会受人欺负，

发展就是硬道理。

巩固和发展社会主义制度，

需要我们几代人、十几代人，

甚至几十代人坚持不懈的努力。

行进中，

你摸着石头过河。

坚持“两手抓,两手都要硬”,

坚持“一个中心,两个基本点”,

坚持——

社会主义的本质,

是解放和发展生产力,

是消灭剥削,

消除两极分化,

最终达到共同富裕。

四十年艰辛探索,

四十年风风雨雨;

四十年意气风发,

四十年春潮又急。

中国道路，

中国智慧。

你的选择，

开创了中国特色社会主义。

西方人说，

你是“邓旋风”，

你是“打不倒的东方小个子”。

中国人说，

你是“改革开放的总设计师”。

你是中国人民的儿子，

你带领中国人民创造了世界奇迹！

昨天，

你为人民谋幸福。

今天，

你魂系中国大地。

昨天，

莲花山上脚步响。

今天，

大鹏湾里风再起。

昨天，

说一句：小平您好！

今天，

道一声：小平，我们永远爱你！

一个小渔村

一片试验田

一个年轻的城市

敢为天下先

不论姓什么

不管路多远

五湖四海聚鹏城

检验真理靠实践

天地间，有深爱
九万里，梦相连
弄潮儿向涛头立
改革开放永向前

一个小渔村
一片试验田
一个春天的故事
传唱了多少年
时间是生命
效率是金钱
大鹏一日同风起
展翅翱翔天地间

天地间，有深爱
九万里，梦相连
弄潮儿向涛头立
改革开放永向前

一个小渔村
一片试验田
一行铿锵的脚步
再上莲花山
改革不停顿
开放不止步
同心共筑中国梦
伟大复兴谱新篇

天地间,有深爱

九万里,梦相连

弄潮儿向涛头立

改革开放永向前

雄安在雄起

中国正富强

深圳耀南国

杭州赛天堂

上海看浦东

北京定四方

千年大计有你

渤海恋太行

雄安在雄起

中国正富强

高铁骋大地

蛟龙入海洋

墨子飞太空

嫦娥登月亮

美丽中国有你

黄河伴长江

雄安在雄起

中国正富强

珠峰哈达美

草原马儿壮

香江紫荆开

南海椰风香

和平发展有你

“一带一路”长

寒冬里，

一碗热腾腾的糁汤[1]，

喝得你——

寒意顿消，

大汗淋淋。

喝出你的豪迈，

喝出你的精气神！

---

① 糁汤：糁，方言读音 sá。临沂地方特色小吃。一种肉粥，配以鸡肉或牛肉与麦仁、生姜、大料同煮，营养丰富，味道醇厚。

星光下，

一捆实落落[1]的煎饼，

送儿出远门。

一张张煎饼，

叠进一个母亲的千言万语，

叠进天底下娘的心……

茅屋里，

最后一滴

甘甜的乳汁，

滴进战士的嘴里。

---

① 实落落：实落，临沂方言，意为实在、厚道。实落落，实实在在。

让年轻的生命得以延续，

让革命

永远后继有人。

河水中，

一架人桥，

让子弟兵

冲上前线，奋勇杀敌，

大踏步前进。

站在河里

肩扛火线桥的，

是三十二个沂蒙女人。

炮火中，

一排排担架，

抬着被鲜血染红的英雄，

前赴后继，

奋不顾身……

战场上，

一队队支前的小车，

满载干粮和小米，

快步向前，

车轮滚滚……

任尔日寇铁蹄，

任尔八百万大军，

任尔凶狠残暴，

任尔倒行不仁。

八百里沂蒙风来，

风卷一切敌人！

沂蒙七十二崮[1]，

崮崮铜墙铁壁，

同仇敌忾，豪气干云！

---

① 崮：沂蒙山区一种特有的山峰。崮的特征是四面陡峭，顶部平坦。放眼望去，酷似一座座城堡，雄伟峻拔，风光迥异。如抱犊崮、孟良崮等，当地有“沂蒙七十二崮”之说。

党爱民，

民向党。

同生死，

共命运。

保护伤员，

甘当人桥，

送夫支前，

送子参军……

缸里有一两米，

也要留给咱子弟兵；

家里有一双布鞋，

也要送给咱百姓的贴心人。

昨天，

你是千千万万个

“沂蒙红嫂”明德英，

你是千千万万个

“沂蒙母亲”王换于，

你就是千千万万个

——“沂蒙六姐妹”！

昨天，

你是让敌军闻风丧胆的

孟良崮，

你是与侵略者血战到底的

渊子崖村，

你就是咱子弟兵

——永远的娘家人!

今天,

你是“当代保尔”朱彦夫,

你是“沂蒙新红嫂”于爱梅,

你就是“九柱擎天”的

——九间棚人!

今天,

你是“时代楷模”赵志全,

你是“就图群众说好的”村支书

——梁兆利。

你就是临沂大市场——

带领群众脱贫致富的共产党人！

水乳交融，

生死与共[1]。

艰苦创业，

无私奉献。

爱党爱军，

开拓奋进。

---

① 2013年11月，习近平总书记到临沂考察时对沂蒙精神作出高度评价："沂蒙精神与延安精神、井冈山精神、西柏坡精神一样，是党和国家的宝贵精神财富，要不断结合新的时代条件发扬光大。"习近平总书记指出："军民水乳交融、生死与共铸就的沂蒙精神，对我们今天抓党的建设仍然具有十分重要的启示作用。"

沂蒙精神——

惊天地,泣鬼神!

震寰宇,烁古今!

蒙山高,沂水长,

无数个“沂蒙红嫂”,

就是伟大的中国母亲!

山苍苍,水滔滔,

八百里蒙山沂水,

铸就不死的沂蒙精神。

沂蒙精神——

就是伟大的中国精神!

一万次淬火锻造，

一万次风雷激荡，

一万年栉风沐雨，

一万年传承印证——

这就是代代相传的沂蒙精神！

这就是革命事业的红色基因！

智慧若水，

思想成湖。

学习，是早春二月的风，

在燕子来时，

让冰封清澈见底。

春姑娘剪开柳之绿幕，

天上的云，

映在水中。

实事求是的白杨，
九十余年[1]如一日，
守卫着一个坚贞的字眼
——学习。

九十余年风雨如磐，
九十余年矢志不渝。
九十余年花落花开，
九十余年前赴后继。

橘子洲头的书声，
划亮旧中国的夜空。
《新青年》的呐喊，

唤来马克思主义。

从望志路到狮子汇[1]，

从南湖船到井冈山，

从延安窑洞到西柏坡，

从香山脚下到掠燕湖[2]，

共产党人的法宝：

永远是——学习。

① 狮子汇：渡口名，在浙江嘉兴南湖，中共"一大"南湖会议渡口旧址。1921年8月3日，参加中共"一大"会议的代表就是从狮子汇登上渡船进入南湖，然后转乘预订的一艘游船（即红船），在游船（红船）中庄严宣告中国共产党的诞生。

② 掠燕湖：位于北京市海淀区大有庄100号中央党校校园内。

学习可以冲决历史之桎梏，

学习可以涤荡千年之秽积。

学习可以新造民族之生命，

学习可以呼唤时代之风雨。

马克思说：

与其用华丽的外衣，

装饰自己，

不如用知识，

武装自己。

毛泽东说：

饭可以一日不吃，

觉可以一日不睡，

书不可以一日不读。

没有学问，

就好比在暗沟里走路，

那会苦煞人。

要探求真理，

就要改造我们的学习。

邓小平说：

学习是前进的基础。

学习可使人向前看，

学习可以澄清各种

——混乱的思想。

要不犯大错误，

不栽大跟头，

关键在于党——

是不是善于学习。

江泽民说：

学习，学习，再学习。

胡锦涛说：

重视学习，善于学习。

习近平说：

学习是——

文明传承之途，

人生成长之梯，

政党巩固之基，

国家兴盛之要。

中国要永远做一个学习大国。

全党来一个大学习。

好学才能上进。

共产党人

依靠学习走到今天，

也必然依靠学习走向未来。

——新时期

共产党人的铮铮誓言

响彻寰宇。

世界眼光，

战略思维，

党性修养，

知识学习。

一个学习型的政党

才能——

激流中把握大势，

天地间傲然挺立。

八角楼上灯光如豆，

菊香书屋书香如缕，

小平小道步履坚定，

梁家河窑洞思索不息……

学习是不灭的火种，

它使星星之火得以燎原。

学习是金色的钥匙，

它使民族智慧得以开启。

实事求是，

坚持真理。

终身学习，

持续学习。

共产党人的法宝，

永远是——学习。

学习是新的社会革命，

学习是自我反思的良医。

学习是长期执政的基础，

学习是领航时代的红旗。

马克思主义作灯塔，

毛泽东思想作航标，

邓小平理论作舵，

“三个代表”作帆，

科学发展观作桨，

习近平新时代中国特色社会主义思想作引擎，

中国特色社会主义的航船

将会——

乘风破浪，勇往直前，

不断驶向新的胜利！

熔炉

一个梦想，

放飞了一百七十余年；

一个政党，

奋斗了九十余年；

一座熔炉①，

冶炼了八十余年……

---

① 近年来，中央党校积极推进绿色校园、红色校园、书香校园、文化校园“四个校园”建设，马克思和恩格斯、毛泽东、邓小平、焦裕禄、谷文昌塑像，“一大”红船等红色元素走进校园，让党的红色基因得以传承和弘扬，使中央党校成为名副其实的党性熔炉。

香山脚下,

昆明湖畔,

大有庄 100 号——

中国共产党的党性熔炉

——中央党校,此刻

炉火正红,

思想闪耀,

生机盎然。

在这熔炉的中轴线上,

思想巨人——

马克思和战友恩格斯

凝神思考，

目光如焰。

“我们的老校长”

——毛泽东

以“还看今朝”的英姿，

注视着他亲笔题写的

“实事求是”的校训

和“为人民服务”的庄重誓言。

改革开放的总设计师

——邓小平

正以时不我待的风范

满面春风，

疾步向前……

学员楼间，

领导干部们面对

党员干部的楷模

——焦裕禄、谷文昌，

“对照自己，见贤思齐”，

“四有”干部的谆谆教导牢记心间。

世界上再没有一个政党

拥有这样的党校，

也再没有一个政党

拥有这样的熔炉。

从洋溪村到瓦窑堡，

从西柏坡到大有庄，

从革命,到建设,到改革,

每一次转折关头,

这熔炉,都会迸发真理的光焰。

在这里,

领导干部有一个共同的任务

——学习。

在这里,

领导干部有一个共同的名字

——学员。

教学楼里，

学员们“充电”“加油”；

林荫道上，

学员们踱方步，求自省；

“一大”红船[①]旁，

学员们初心不忘，铭记昨天。

这里——

可“大有”论道，

“二味”谈书。

① 停放在中央党校校园掠燕湖内的“一大”红船，系依照嘉兴南湖“一大”红船1∶1比例复制而成。

这里——

可“五步”赋诗，

“六合”思贤。①

这里——

掠燕湖畔，学风正浓。

千萃山上，登高望远。

这里——

白杨伟岸，让思绪飞扬；

劲松高洁，可触景生廉。

“大有”指中央党校大有书局，“二味”即二味书屋，“五步”即五步桥，“六合”即六合亭。

党校姓党，

就是姓马姓共[1]。

补钙才能壮骨，

立根才能固本。

看齐才能匡正，

塑魂才能志坚。

一条道路，

一个理论体系，

一种社会制度。

---

① 2015年12月11日，习近平总书记在全国党校工作会议上发表了关于“党校姓党”的重要讲话。

一座学府，

一座思想宝库，

一座党性熔炉。

有了这座熔炉，

共产党人就可以——

夯实理论基础，

开阔世界眼光，

培养战略思维，

加强党性修养。

有了这座熔炉，

共产党人就可以——

造就一支

铁一般信仰，

铁一般信念，

铁一般纪律，

铁一般担当的干部队伍。

有了这座熔炉，

共产党人就可以——

自我净化，

自我完善，

自我革新，

自我提高，

永远走在时代的前沿。

有了这座熔炉，

道路自信，

理论自信，

制度自信，

文化自信，

“四个自信”就能内化心间。

有了这座熔炉，

政治意识，

大局意识，

核心意识，

看齐意识，

“四个意识”就能坚定如磐。

唯有熔炉，

才能熔铸本色；

唯有熔炉，

才能锻造品格；

唯有熔炉，

才能熔断腐败；

唯有熔炉，

才能改造学习，淬火信念……

毛泽东说：

我们要建设大党，

我们的干部非学习不可。

邓小平说：

从实践中学，

从书本上学，

从自己和人家的经验教训中学。

习近平说：

好学才能上进，

共产党人依靠学习走到今天，

也必然依靠学习走向未来。

这是共产党人的自省自觉，

这是共产党人的时代宣言。

这宣言

镌刻在——熔炉上，

响彻于——天地间。

这就是共产党人的历史大任——

引领中华民族伟大复兴的中国梦，

让马克思主义一脉相承，与时俱进，薪火相传。

中国方案——再开新篇；

中国道路——永续发展。

你从梁家河走来

领航中国走进新时代

大道之行,天下为公

中华民族的小康梦就要到来

站起来,富起来,强起来……

你从梁家河走来

领航中国走进新时代

中国智慧，中国方案

现代化的中国走向世界舞台

站起来，富起来，强起来……

你从梁家河走来

领航中国走进新时代

夙夜在公，为民服务

伟大复兴的中国梦时不我待

站起来，富起来，强起来……

你从梁家河走来

领航中国走进新时代

不忘初心，牢记使命

新时代中国特色社会主义继往开来

站起来，富起来，强起来……

下篇 初心

任凭石壁千仞万仞

你毅然用身躯丈量

生命的高度

任凭西风凛冽如刀

你毅然摒弃虚伪的呵护

你不在乎什么角落，什么痛苦

也不祈求什么阳光，什么雨露

选择了出发便义无反顾

你说

生命就是一次孤独的旅行

管他什么艰难险阻

还是什么羡慕嫉妒

你只管走过这一程

无视——

春的浮华

夏的温热

秋的冷漠

冬的残酷

你坚强地走完这旅途

悄无声息地

在斑驳陆离的画布上

写下你

——如初的心路

选择了出类拔萃，

你便拒绝平庸。

不攀高山，

不羡陆地，

半亩方塘任平生。

你不惧杂草的构陷，

也不屑鸟儿的嘲弄，

水中可长，泥里可生！

风雨中你独自撑伞，

污浊里你奋力抗争！

卑鄙者会有一千种理由，

高尚者从不需任何证明。

一万年，

也别想毁掉你的清芬，你的美名！

你不拒绝阳光，

却从不攀附——

什么西风，东风，南风，北风！

你爱惜名誉，

却从不看重——

什么金钱，富贵，地位，虚荣！

你坚信：

是生命就要绽放，

有梦想就会成功。

你还说：

不成功不等于失败，

失败也不等于不成功。

荷叶老了，

荷花正红；

荷花老了，

荷子玲珑；

荷子老了，

荷藕天成。

有心，有节，有思，有梦；

有情，有义，有始，有终。

今生，

你只要你的选择——

无论水上还是地下，

无论沉寂还是喧嚣，

你只做独守高洁的

——出水芙蓉。

埋你在土里

你依然生命不息

葬你在水中

你依然向往着真理

春天

你刺破

酣睡的河床

挥毫写下生命的序曲

夏天

你撑起

坚韧的苇秆

让芜杂的世界不再沉溺

秋天

你冷眼观云

让雄浑的天穹在水中

纯净如洗

冬天

你打出圣洁的旗帜

冲出泥沼和冰凌

向着大地呐喊

失败离成功

已没有太多的距离

旅程

每一次渐行渐远

都让我淡定从容

每一次风驰电掣

都让我怦然心动

只要我心不甘寂寞

人生就没有平凡的旅程

只要今生不言放弃

黑夜里总有不灭心灯

任它花开花落

任它风起风轻

世间的路有千万条

活一回就要有出彩人生

是英雄就要指点江山

是骏马就要万里驰骋

是青春就要激扬文字

是雄鹰就要搏击长空

抖一路征尘

望茫茫神州风起云涌

谈杏花春雨

待燕子来时决意与君行

即便铁流

冰冷成钢轨

坚强的意志

一刻也没有停止过延伸

即便嫉妒、谎言、诋毁、嘲弄

布满征途

生命依然奔腾在

朗朗乾坤

在路上

一切功利，皆为粪土

一切是非，皆成浮云

一切丑恶，皆是烟尘

在路上

你并不是孤独的行者

伴你而歌的

有那默默承受的石子

有那敢于担当的枕木

有那锲而不舍的道钉

有那滚滚不息的车轮

在路上

人如风

风如电

电如金

在路上

可以

拒绝阿谀

摒弃平庸

远离小人

在路上

可尽享

风驰电掣

痛快淋漓

疾风观云

在路上

可尽享

小草的纯真

野卉的清芬

还有那——

不辍的弦歌

天籁的回音

在路上

思想如海潮

狂奔

狂奔

狂奔